Fridolin Lange

Der Personalentwicklungsprozess. Chancen und Risiken

GRIN Verlag

GRIN - Your knowledge has value

Der GRIN Verlag publiziert seit 1998 wissenschaftliche Arbeiten von Studenten, Hochschullehrern und anderen Akademikern als eBook und gedrucktes Buch. Die Verlagswebsite www.grin.com ist die ideale Plattform zur Veröffentlichung von Hausarbeiten, Abschlussarbeiten, wissenschaftlichen Aufsätzen, Dissertationen und Fachbüchern.

Besuchen Sie uns im Internet:

http://www.grin.com/

http://www.facebook.com/grincom

http://www.twitter.com/grin_com

Thema: Der Personalentwicklungsprozess – Chancen und Risiken

Datum: 24.08.2019

Gliederung

Seite

1. Ziel und Aufbau dieser Arbeit   3

2. Die theoretischen Grundlagen in der Personalwirtschaft   3

3. Die Begriffsdefinition „Personalentwicklung"   4
3.1 Die unterschiedlichen Definitionsansätze   5

4. Der Personalentwicklungsprozess   6
4.1 Reflektion der Chancen und Risiken im Personalentwicklungsprozess in den
    einzelnen Phasen aus verschiedenen Perspektiven   9
4.2 Ableitung von Handlungsempfehlungen in Bezug auf den
    Personalentwicklungsprozess   11

5. Fazit und Ausblick   11

6. Literaturverzeichnis   12

7. Abbildungsverzeichnis   12

1. Ziel und Aufbau dieser Arbeit

In diesem Assignment soll auf die theoretischen Grundlagen des Personalentwicklungsprozesses eingegangen werden. Ein weiterer Punkt wird es sein, den Begriff „Personalentwicklungsprozess" zu definieren. Die verschiedenen Definitionsansätze werden in Bezug auf den Personalentwicklungsprozess zeigen, wie das Thema Personalmanagement im Laufe der Jahre immer mehr an Erklärungs- und Gestaltungsfunktion gewonnen hat. Die Chancen und Risiken des Personalentwicklungsprozesses werden im Rahmen des Personalentwicklungsprozesses aus verschiedenen Perspektiven reflektiert und hieraus Handlungsempfehlungen abgeleitet. Am Ende meines Assignments werde ich ein Fazit ziehen und einen Ausblick auf das Thema Personalmanagement geben.

2. Die theoretischen Grundlagen in der Personalwirtschaft

Die Personalwirtschaft ist heute ein komplexer Bereich der Betriebswirtschaftslehre. Früher bedeutete Personalwirtschaft nur die Pflege und die Verwaltung des Personals, heutzutage kommt die strategische Funktion hinzu. Allgemein gesagt muss die Personalentwicklung den Anforderungen des Unternehmens gerecht werden, dem Personalbedarf und den Wünschen der einzelnen Mitarbeiter. Für die Personalwirtschaft werden Synonyme wie Personalmanagement oder Human Resources verwendet. Zur Personalwirtschaft gehört es, dass Mitarbeiter zur richtigen Zeit, am richtigen Ort, mit der richtigen Qualifikation und in der benötigen Anzahl der jeweiligen Stellen und unter Berücksichtigung der Kosten der jeweiligen Stelle zur Verfügung gestellt werden. Damit die Personalwirtschaft dem gerecht werden kann, sind Personaleinsatz, Personalplanung, Personalbeschaffung und Personalentwicklung notwendig. Aufgaben des Personaleinsatzes sind die Einführung der Mitarbeiter in das Unternehmen und in ihre neuen Tätigkeiten sowie die Gestaltung der unterschiedlichen Arbeitszeiten anhand von Arbeitszeitmodellen. Die Personalplanung ermittelt den Bedarf an Mitarbeitern im jeweiligen Unternehmen und zwar in quantitativer als auch in qualitativer Hinsicht und orientiert sich dabei an der Unternehmensplanung des jeweiligen Unternehmens. Nachdem in der Personalbeschaffung der Personalbedarf in qualitativer und quantitativer Hinsicht festgestellt worden ist, können die neuen Mitarbeiter der entsprechenden Abteilung zugeordnet werden. Das

Wissen der Mitarbeiter in einem Unternehmen ist ein strategischer Erfolgsfaktor und von eminenter Bedeutung. Daher ist es wichtig, die Mitarbeiter durch Maßnahmen innerhalb der Personalentwicklung für das eigene Unternehmen weiter zu entwickeln und zu fördern, um sich auf dem gegenwärtigen, hitzigen, aggressiven und vielschichtigen Markt zu behaupten. Außerdem wirkt die Personalwirtschaft zukunftsweisend, indem sie vorbeugend auf die Mitarbeiterfluktuation einwirkt. Gründe dafür können die Kündigung, Versetzung oder gar der Tod sein.

3. Die Begriffsdefinition „Personalentwicklung"

Für die Personalentwicklung werden in der Literatur eine Menge an Definitionen benutzt, auf die im Kapitel 3.1 eingegangen wird. Mit dem Begriff Personalentwicklung können Berufsausbildung, Weiterbildung, Wissenstransfer aber auch die Arbeitsplatzgestaltung und weitere Begriffe assoziiert werden. Die Personalentwicklung umfasst alle Mitarbeiter eines Unternehmens. Um die Arbeitszufriedenheit der Mitarbeiter zu steigern, ist es für ein Unternehmen wichtig zu wissen, welche Bedürfnisse die einzelnen Mitarbeiter haben. Die Bedürfnis-Pyramide von Maslow kann dabei helfen, den Bedürfnissen der Mitarbeiter nach zu kommen.

Bedürfnishierarchie

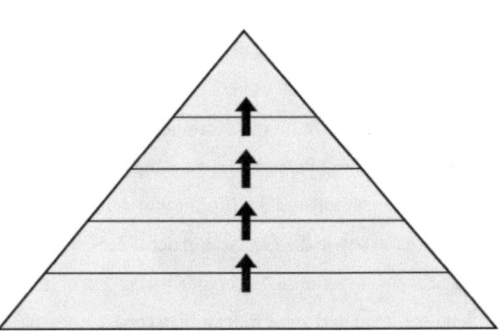

Abb.1: Die Bedürfnis-Pyramide nach Maslow

---

[1] https://wirtschaftslexikon.gabler.de/definition/beduerfnishierarchie-31397

Die Personalentwicklung verfolgt weiterhin folgende Ziele:

"

- Verbesserung der Leistungs- und Wettbewerbsfähigkeit der Unternehmung
- Anpassung der Qualifikationen der Mitarbeiter an veränderte Arbeitsanforderungen
- Erhöhung der Flexibilität der Mitarbeiter
- Steigerung der Mitarbeiterzufriedenheit und -loyalität
- Verbesserung des Unternehmensimages
- Sicherung eines qualifizierten Mitarbeiterstammes
- Befriedigung individueller Bedürfnisse und bildungspolitischer Ansprüche "[2].

Die Begriffsabgrenzung in der Personalentwicklung besteht im engen Sinn, im erweiterten Sinn und im weiten Sinn: Bei der Personalentwicklung im engen Sinn handelt es sich um die Bildung, Weiterbildung und die Umschulung der Mitarbeiter. Hierbei steht die Vermittlung von fachlichem Wissen im Mittelpunkt. Die Personalentwicklung im erweiterten Sinn regelt die Kompetenzen der Mitarbeiter, welche höhere Verantwortung übernehmen sollen. Die Personalentwicklung im weiten Sinn zieht die Personal- und Organisationsentwicklung in Betracht. Sie zielt auf eine Anpassung der Unternehmensorganisation eines Unternehmens ab.

3.1 Die unterschiedlichen Definitionsansätze

Wie bereits im Kapitel 3 erwähnt wurde, gibt es viele Definitionen für den Begriff Personalentwicklung. Die folgenden Definitionen sollen die Vielfalt der Ansätze zeigen: Die erste Definition besagt, dass die Personalentwicklung durch die beruflichen Kenntnisse und das Know-how der Mitarbeiter, durch Maßnahmen der Weiterbildung und Beratung gekennzeichnet ist. Ein weiterer Ansatz lautet, dass die Personalentwicklung alle personen-, stellen- und arbeitsplatzbezogenen Maßnahmen zur Ausbildung, Erhaltung sowie zur Wiedererlangung des eigenen Wissens nach längerer Berufspause im Betrieb dient. Laut Holling und Liepmann wird die Personalentwicklung wie folgt beschrieben: „ (…) Personalentwicklung beschäftigt sich mit der systematischen Förderung der beruflichen Qualifikationen ".[3]

---

[2] Dirk Holtbrügge, Personalmanagement, 7. Auflage, S. 141
[3] Personalentwicklung und -controlling, Erwin Hoffmann, S. 50

Maßnahmen für die Personalentwicklung umfassen die Erhaltung, Erweiterung sowie die Verbesserung der Arbeitsleistung oder das Qualitätsprofil der Mitarbeiter des Unternehmens, um deren Arbeitsvermögen zu gewährleisten. Hier wird die Bildung im Unternehmen zum Vorschein gebracht.

Neuberger definiert einen strengen Ansatz bezüglich des Begriffs Personalentwicklung. Nach Neuberger ist die Personalentwicklung abhängig von der Unternehmenskultur des jeweiligen Unternehmens und besagt, welche Ausprägung die Personalentwicklung hat. Kurz gefasst laut Neuberger: „Personalentwicklung ist die Uniformung des unter Verwertungsabsicht zusammengefassten Arbeitsvermögen ".[4]

Jede der aufgeführten Definitionen gibt eine ähnliche Sichtweise wieder. Es gibt aber keine klare übereinstimmende Definition über den Begriff der Personalentwicklung.

4. Der Personalentwicklungsprozess

Der Personalentwicklungsprozess vollzieht sich in einem gewissen Zyklus mit den Bestandteilen PE-Bedarf, Planung von PE-Zielen, Gestaltung von PE-Maßnahmen, Durchführung von PE-Maßnahmen, Kontrolle des PE-Erfolges. Nachdem der letzte Punkt durchlaufen ist kann der Zyklus von vorn beginnen, um weitere Verbesserungen im PE zu erreichen.

---

[4] Personalentwicklung und -controlling, Erwin Hoffmann, S. 51

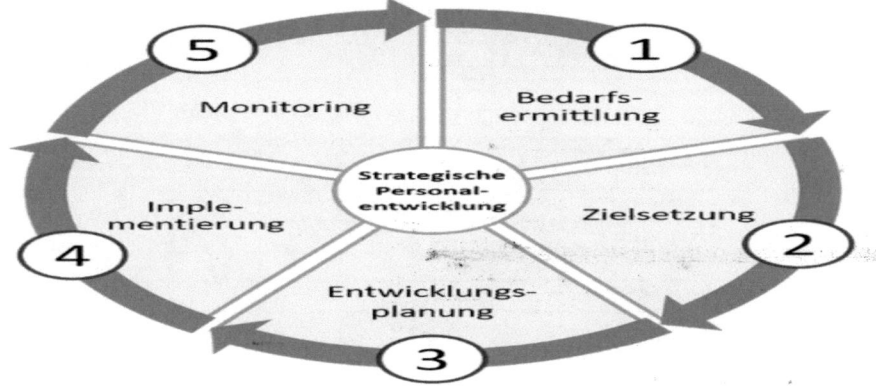

5

Abb. 2: Kreislauf Personalentwicklungsprozess

Das Ziel eines Personalentwicklungsprozess ist es, die Qualifikationen wie auch die
Weiterentwicklung der Mitarbeiter zu fördern. Hierbei bedient sich ein Unternehmen eines
großen Repertoires an Maßnahmen, mit denen es sein Ziel an Weiterentwicklung und Förderung
der Mitarbeiter erreichen will, wie z.B. an einem Qualifikationsprofil:

---

5 https://www.reflect-beratung.de/strategische-personalentwicklung/

Nr.	Anforderungskriterien	1 unabdingbar	2 hoher Level	3 mittlerer Level	4 niedriger Level
	Fachliche Kompetenz				
1	Kenntnis der wirtschaftlichen, gesellschaftlichen und politischen Zusammenhänge im betreffenden Markt	X		O	
2	Sprachkenntnisse in...		X O		
3	Fundierte Anwendungskenntnisse in....	X	O		
4	Fähigkeit zur Klarheit in Inhalt und Ausdruck, Überzeugungskraft, korrekter Ausdruck und Grammatik	X O			
5	Projekt- und Konzeptarbeit	X	O		
	Soziale Kompetenz				
6	Kontaktfähigkeit und soziale Sensibilität	X O			
7	Konstruktiver Umgang mit Konflikten	X O			
8	Teamfähigkeit	X	O		
	Methodische Kompetenz				
10	Fähigkeit zur Informationsaufnahme und -weitergabe	X	O		
11	Fähigkeit zu analytischem Denken, zu systematisieren, zu planen		X O		
	Personale Kompetenz				
12	Fähigkeit zur Selbstwahrnehmung und Selbstkritik		X O		
13	Fähigkeit zum Denken in komplexen Zusammenhängen	X		O	
14	Offenheit / Authenzität / Loyalität	X	O		
15	Einsatzbereitschaft / Selbständigkeit / Verantwortungsbewußtsein	X	O		
16	Innovationsbereitschaft		X O		

X = Anforderungsprofil
O = Qualifikationsprofil

Abb. 3: Qualifikationsprofil

Wie aus Abbildung 2 ersichtlich, beginnt der Personalentwicklungsprozess mit der Ermittlung des Personalbedarfs, sowohl in qualitativer wie auch in quantitativer Sicht. Es gibt viele Möglichkeiten, um den Bedarf zu ermitteln, wie z.b. das Potenzialverfahren oder das Leistungsbeurteilungsverfahren. Diese können in einem Qualifikationsprofil dargestellt werden. Je nach Unternehmensgröße kann dieser Prozess unterschiedlich lang dauern. Er stellt den Ausgangspunkt des Personalentwicklungsprozesses dar und ist wichtig, um den wirklichen Bedarf des Unternehmens an Mitarbeitern zu erfassen.

---

[6] http://www.apt-woehrmann.de/personalauswahl/anforderungs-und-qualifikationsprofil/

Nachdem der Personalbedarf ermittelt worden ist, wird anhand des Qualifikationsprofils das Ziel bestimmt, dabei handelt es sich um Lern- und Entwicklungsziele aus dem psychometrischen, affektiven und kognitiven Lernbereich. Wichtig bei der Festlegung der PE-Ziele ist es, diese am Bedarf des Unternehmens auszurichten.

Anschließend wendet man sich der Gestaltung der PE-Maßnahmen zu. Hierbei wird zwischen den Dimensionen PE am Arbeitsplatz, PE als Berufsanfänger, PE mit Nähe zum Beruf, PE karrierebegleitend und PE aus dem Berufsleben austretend unterschieden.

Danach folgt die Umsetzung der Ziele durch geeignete PE-Maßnahmen.

Zum Schluss folgt die Bewertung des Ergebnisses in der Kontrolle des PE-Prozesses.

4.1 Reflektion der Chancen und Risiken im Personalentwicklungsprozess in den einzelnen Phasen aus verschiedenen Perspektiven

Durch die Bedarfsanalyse, welche konkrete Ist- und Soll-Werte aufstellt, dem Unternehmen eine gezielte Personaleinstellung liefert und sowohl qualitativ wie auch quantitativ durch das Anforderungsprofil abgeglichen wird, soll die Wettbewerbsfähigkeit eines Unternehmens sichergestellt werden.

Von der Bedarfsanalyse profitieren vor allem die Mitarbeiter eines Unternehmens. Durch die Bedarfsanalyse werden Wissenslücken beim Personal erfasst; im Rahmen von Bildungsmaßnahmen kann das Personal motiviert werden in Hinsicht auf den Aufstieg und die Weiterbildung. „ … (Diese Bildungsmaßnahme) fördert eine rasche Einarbeitung und mindert das Risiko eines baldigen Ausscheidens des gerade erst eingestellten Mitarbeiters erheblich. Sie trägt somit dazu bei, dass er seine volle Arbeitsleistung entwickeln kann".[7] Kleine Unternehmen sind meist nicht in der Lage, die finanziellen Mittel für die Bildung ihrer Mitarbeiter aufzuwenden. „Ein Weiterbildungs- und Personalentwicklungsmodell muss für ein kleineres Unternehmen auch finanziell tragbar sein".[8] Es stellt also meiner Meinung nach ein finanzielles Risiko für KMU dar, für die Aus- und Weiterbildung ihrer Mitarbeiter zu sorgen. Durch die Zielsetzung baut sich das Unternehmen langfristige Sicherheit auf. Dem Mitarbeiter werden Chancen geboten, sich frei zu entfalten und ihm wird die Sicherheit auf einen festen Arbeitsplatz gegeben.

---

[7] Personalwirtschaft, v. Kaiser, Thomas, S.37
[8] Personalentwicklung KMU, v. Stiefel, Rolf Th., S.7

Die Chancenlosigkeit in Bezug auf einen beruflichen Aufstieg kann sich negativ auf das Betriebsklima auswirken, Fluktuationen fördern sowie negative Mundpropaganda bewirken. Auch dies stellt ein Risiko dar.

Es gibt es verschiedene Möglichkeiten der Umsetzung der PE-Ziele. Die Personalentwicklungsmaßnahmen können an verschiedenen Orten und zu verschiedenen Zeiten stattfinden. Berufsausbildungen, Traineeprogramme oder Einarbeitungsphasen können angeboten werden. Karriereplanungen werden meist langfristig festgelegt.

Weitere Methoden der Personalentwicklung:

On-the-Job wendet sich an Mitarbeiter direkt am Arbeitsplatz.

Die Job Rotation, Job Enlargement und das Job Enrichment geben die Qualifikationsmaßnahmen wider.

Into-the-Job ist hingegen dafür gedacht Mitarbeiter in eine neue Stelle oder in ein Unternehmen neu einzuarbeiten. Bei Mitarbeitern, die vor dem Ruhestand stehen, werden Out-of-the-Job Maßnahmen angewendet. Das Unternehmen sollte versuchen, die Wissenslücken, die durch das Ausscheiden des Mitarbeiters verursacht werden, zu schließen, z.B. durch einen Qualitätszirkel. „Der Übertragung von Wissen zwischen Abteilungen, der Verbesserung der (…) Abteilungs- und Hierarchieübergreifenden Kommunikation und der Steigerung der Verantwortung der Mitarbeiter (…) dienen".[9]

Wenn die Maßnahmen dementsprechend aufbereitet wurden, kann man zur Durchführung übergehen. Das Wissen kann entweder individuell oder aber auch in einer Gruppe vermittelt werden. Hierbei sollte der Personalentwickler als Organisator auftreten und die Bildungsmaßnahme mit dem entsprechenden Trainer organisieren oder aber auch selbst als Trainer auftreten.

Wichtig ist, die Bewertung der Mitarbeiter nicht zu vergessen. Das Gewinnen von gut ausgebildeten Fachkräften entwickelt sich, in unsere heutigen Zeit zu einem immer schwierigeren Akt. Der Fachkräftemangel stellt für viele Unternehmen ein weiteres Risiko dar. Dazu kommt, dass die Kosten für die Bildung immer weiter steigen.

---

[9] Dirk Holtbrügge, Personalmanagement, 7. Auflage, S. 147

4.2 Ableitung von Handlungsempfehlungen in Bezug auf den Personalentwicklungsprozess

Die Personalentwicklung ist ein komplexer Prozess, der einen hohen finanziellen und zeitlichen Aufwand erfordert. Es empfiehlt sich deshalb, diesen Prozess sehr bedacht anzugehen. Der Personalbedarf sollte klar erfasst werden, um die folgenden Phasen des Personalentwicklungsprozesses klar an diesem ersten Punkt auszurichten. Weil das Personalmanagement den Wünschen der Mitarbeiter und den Bedürfnissen des Unternehmens gerecht werden muss, empfiehlt es sich, alle Mitarbeiter an einen „runden Tisch" einzuladen, so kann man erste Eindrücke sammeln und den Bedarf in etwa einschätzen. Man sollte dies tun und dabei weitere Maßnahmen ergreifen. Vor allem in großen Unternehmen ist es ratsam, z.b. einen Qualitätszirkel einrichten (s.o.).

5. Fazit und Ausblick

Die Personalentwicklung ist heute ein wichtiges Thema und gefragter denn je. Neben dem Fachkräftemangel hat ein Unternehmen eine große Menge an Problemen zu bewältigen. Das Personalmanagement ist zu einem zukunftsweisenden Instrument angewachsen, das neben der Pflege und Verwaltung des Personals auch die heute notwendige strategische Funktion zur Aufgabe hat. Es wichtig, qualitativ gute Fachkräfte für das eigene Unternehmen zu gewinnen und sie auch halten zu können, denn eine hohe Mitarbeiterfluktuation ist kontraproduktiv. wie aus dieser Hausarbeit hervorgegangen ist die Personalentwicklung ist hierbei sehr hilfreich wie in dieser Hausarbeit hervor gegangen ist. Die Personalentwicklung ist nach meiner Meinung noch am Anfang, denn es wird noch relativ wenig dafür getan, um die Aus- und Weiterbildung von Mitarbeitern an den vorhanden technischen Möglichkeiten auszurichten. Es gibt noch zu wenig Maßnahmen in Bezug auf die Personalentwicklung. Dies dürfte daran liegen, dass die Unternehmen diese Investitionen scheuen. Meiner Meinung nach aber sparen sie an der falschen Stelle, denn die menschliche Ressource ist heute wichtiger als je zuvor. Der gut qualifizierte Mitarbeiter ist für das Unternehmen ein Erfolgsfaktor, denn Mitarbeiter die motiviert, freundlich und vor allem auch kompetent auftreten, stellen für Unternehmen einen Konkurrenzvorteil dar.

Literaturverzeichnis

Dirk Holtbrügge, Personalmanagement, 7. Auflage, Nürnberg Juli 2017

Erwin Hoffmann, Personalentwicklung und -controlling, Bamberg und Aalen März 2018

Wien A., Franzke N., Nachhaltige Personalentwicklung in 18 Strategien, Wiesbaden 2013

Sabine Elias-Linde, Personalknappheit und nachhaltiges Humanressourcenmanagement, Bremen 2012

https://www.reflect-beratung.de/strategische-personalentwicklung/

Rolf Th. Stiefel, Personalentwicklung KMU, 5. Auflage Wiesbaden 2015

https://wirtschaftslexikon.gabler.de/definition/personalwirtschaft-51972

Abbildungsverzeichnis

https://wirtschaftslexikon.gabler.de/definition/beduerfnishierarchie-31397

https://www.reflect-beratung.de/strategische-personalentwicklung/

http://www.apt-woehrmann.de/personalauswahl/anforderungs-und-qualifikationsprofil/